QUESTIONS DU TEMPS PRÉSENT

LE PARTI MODÉRÉ
CE QU'IL EST
CE QU'IL DEVRAIT ÊTRE

PAR

Jean-Paul LAFFITTE

Paris, 5, rue de Mézières
A...rmand Colin & Cie, Éditeurs
...aires de la Société des Gens de Lettres

LE PARTI MODÉRÉ

CE QU'IL EST

CE QU'IL DEVRAIT ÊTRE

DU MÊME AUTEUR

Le Paradoxe de l'égalité (*Ouvrage couronné par l'Académie française*), un volume in-16.

Le Suffrage universel et le Régime parlementaire, un volume in-16.

Lettres d'un parlementaire, un volume in-16.

QUESTIONS DU TEMPS PRÉSENT

LE PARTI MODÉRÉ

CE QU'IL EST
CE QU'IL DEVRAIT ÊTRE

PAR

Jean-Paul LAFFITTE

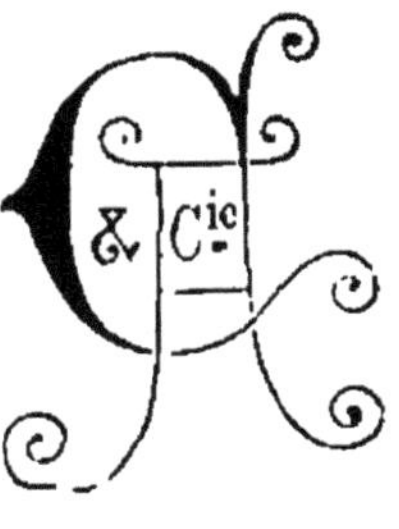

PARIS
ARMAND COLIN ET Cie, ÉDITEURS
Libraires de la Société des Gens de lettres
5, RUE DE MÉZIÈRES, 5

1896

LE PARTI MODÉRÉ

CE QU'IL EST, CE QU'IL DEVRAIT ÊTRE

I

LA POLITIQUE MODÉRÉE

Je rencontre un ami et nous causons des choses de la politique. Au bout d'un instant, il m'interrompt : « Vous oubliez que je suis un modéré. — Moi aussi, lui dis-je, je suis un modéré, et m'en vante; comment donc se fait-il, étant modérés tous deux, que nous ne puissions pas mieux nous entendre? »

La vérité est que nous sommes d'accord sur ce qu'il ne faut pas faire; nous savons fort bien ce dont nous ne voulons ni l'un ni l'autre. Ce n'est point là une politique, ou, si vous voulez, c'est une politique négative. Mais faut-il faire quelque chose? Et que faut-il faire? C'est où la difficulté commence. Mon ami a sa manière de penser, j'ai la mienne : survienne un troisième modéré; il dira peut-être que nous avons tort l'un et l'autre.

Au lieu de trois modérés, supposez trois radicaux : ceux-là s'entendront; car ils savent où ils veulent aller, et par quels chemins. Pourquoi? Parce que les radicaux ont un programme et que les modérés n'en ont pas. Au fond, nous autres modérés, nous n'avons eu jusqu'ici qu'une idée commune : la liberté. C'est assez tant qu'on est dans l'opposition; ce n'est pas assez quand on prétend à gouverner. La liberté n'est pas un but; elle est un moyen, et voilà ce que parfois nous avons l'air d'oublier. Aujourd'hui, on nous dit : vous demandiez la liberté; vous l'avez; quel usage allez-vous en faire?

Il faut une réponse claire, nette, précise, à la portée de tous. C'est le suffrage universel qu'il s'agit de convaincre, et le suffrage universel se soucie peu des doctrines. Il est simpliste. Il juge en bloc. Si on lui parle d'améliorer l'état social, de répartir les charges publiques avec plus d'équité, de dégrever les petits, d'assister les faibles, il entend ce qu'on veut lui dire et il a la vision d'un monde meilleur. Alors, il se retourne vers nous : que faisons-nous? Nous essayons de lui prouver que, dans les réformes qui l'ont séduit, il y a une part de chimère; nous lui démontrons, nos bouquins à la main, les périls du socialisme; nous lui vantons les bienfaits du régime parlementaire; nous lui parlons comme on parle dans un salon ou dans une académie, et nous voilà tout étonnés s'il reste froid.

Là est l'éternel malentendu entre le suffrage universel et le parti modéré : nous oublions que, parmi ceux qui nous écoutent, la plupart vivent au jour le jour, que pour eux la question du pain quotidien est la suprême politique, et qu'ils donneraient toutes nos chinoiseries constitutionnelles pour la moindre réforme de l'impôt. Qui osera soutenir qu'ils se trompent? Et que répondrons-nous s'ils nous disent : « Vous déclarez dangereuses les réformes radicales, voilà qui est fort bien; mais que nous offrez-vous à la place? » Les radicaux agissent; nous, modérés, nous critiquons : c'est leur force, et c'est notre faiblesse.

Quel est le résultat? C'est que le parti modéré n'a pas dans la politique la place qu'il devrait avoir. Ce parti compte beaucoup d'hommes considérables par la situation sociale, le nom, le passé, le talent, le caractère. Rien de plus facile, semble-t-il, que de trouver parmi eux les éléments d'un gouvernement qui réponde à l'opinion moyenne. Que leur manque-t-il? Un programme. Le pays connaît ces hommes; il les connaît et les estime : s'il hésite à les suivre, c'est qu'il ne voit pas clairement ce qu'ils veulent. A l'heure actuelle, bien des gens, qui vivent de travail et non de politique, s'inquiètent médiocrement que le cabinet soit pris dans telle fraction du parlement ou dans telle autre; ils demandent qu'on fasse quelque chose, et vont plus volontiers à ceux qui affirment qu'à ceux qui critiquent. C'est le malheur du parti modéré qu'ayant eu à lutter contre le radicalisme et le collectivisme, sa politique ait pris un caractère défensif; je ne voudrais pas dire négatif. Il y a là une erreur de tactique : en politique comme en guerre, le succès est le plus souvent pour qui prend l'offensive.

On n'entraînera pas les masses en leur parlant de la nécessité de résister au radicalisme, au collectivisme : on les entraînerait peut-être si on leur parlait de progrès possibles, d'améliorations réelles.

A la condition d'accepter sans arrière-pensée

les transformations inévitables, j'ose dire que les modérés, les libéraux, les conservateurs au vrai sens du mot auraient un grand rôle à jouer dans l'évolution démocratique qui se fait sous nos yeux. Plus d'un lecteur sourira : « Singulier paradoxe, dira-t-il, de faire fond sur les conservateurs pour l'œuvre démocratique! N'y a-t-il pas contradiction dans les termes mêmes, et ces deux mots de conservation et de démocratie ne hurlent-ils pas accolés l'un à l'autre? »

Certes, si le conservateur est celui qui se persuade qu'il n'y a rien à faire, que les abus sont éternels, que la société sera toujours semblable à elle-même; si c'est celui que le mot de réforme effarouche, celui qui épelle le livre de son temps sans comprendre; si c'est le critique de toute nouveauté, le dédaigneux, le timide, le négatif, oui, cet homme-là est fatalement un étranger dans la démocratie, — mais celui-là je ne l'appelle pas le conservateur : je l'appelle le révolutionnaire sans le savoir, car c'est lui qui, par son obstination, suscite les colères, et qui, par son aveuglement, prépare les catastrophes.

Le conservateur dont je parle, trop rare, hélas! en France, où la politique est faite d'abstractions logiques plutôt que de réalités concrètes, — le vrai conservateur, qu'on rencontre à chaque pas dans les pays qui ont les mœurs et la pratique de la liberté, — c'est l'homme qui croit fermement qu'il y a certaines idées sociales dont la matière est éternelle, mais dont la forme varie d'une époque à l'autre; l'homme qui a compris que l'organisme politique, comme tout ce qui a vie et durée, se modifie peu à peu suivant des lois nécessaires; l'homme, enfin, qui sait résister à une réforme tant qu'elle lui paraît dangereuse ou prématurée, mais qui est le premier à demander cette réforme le jour où elle est en harmonie avec l'opinion et avec les mœurs : celui-ci acceptera franchement la démocratie; il s'efforcera de l'éclairer, de la diriger, de la modérer, de la combattre dans ses excès, mais il saura la comprendre et la soutenir dans ses revendications légitimes.

Est-ce là une utopie? Je ne le crois pas. Le rôle que je rêve pour les conservateurs, c'est celui qu'ils ont joué en Angleterre et en Belgique. Dans ces deux pays, on l'a dit souvent et on ne saurait trop le répéter, les plus grandes réformes, les plus fécondes, les plus durables, ce sont les conservateurs qui les ont faites; et c'est précisément pour les avoir faites qu'ils ont gardé une haute influence politique. Méditons cette leçon, et souvenons-nous, ainsi que le disait M. Georges Picot dans une étude récente, que « rien ne serait plus dangereux pour un parti que de prendre comme mot d'ordre des formules négatives ».

Avec un programme de résistance, le parti modéré risquerait d'être de moins en moins entendu du suffrage universel.

Avec un programme de réformes, il pourrait lutter contre ses adversaires; et il aurait d'autant plus de chances de succès qu'il proposerait des réformes plus simples, plus pratiques.

Ai-je besoin de dire que je n'ai pas la prétention de rédiger à moi seul le programme de tout un parti? Mais j'entends ce qu'on dit autour de moi; je note quelques idées qui me paraissent justes; je constate qu'il y a de plus en plus d'hommes, étrangers à l'esprit de parti, qui ont ce sentiment très net que nous arrivons à un tournant de la politique et qui disent : « Il y a quelque chose à faire. »

II

LES RÉFORMES NÉCESSAIRES

On m'arrête ici : « Vous dites que les modérés n'ont pas de programme! Vous savez bien, vous qui combattez dans leurs rangs, vous savez qu'ils demandent que le régime parlementaire soit appliqué dans toute sa vérité, que les deniers des contribuables soient ménagés, les frais de justice réduits, la procédure simplifiée, la mutualité encouragée, l'administration locale plus libre, les lois mieux en harmonie avec les mœurs et les idées modernes. Ne sont-ce pas là de sérieuses réformes? »

Ce langage est celui d'hommes éminents, parmi lesquels je compte plus d'un ami; je sais que si demain ils étaient au pouvoir, ils ne feraient pas seulement ce qu'ils ont dit: ils feraient davantage, et ma confiance en eux est absolue. Mais ce n'est pas moi qu'il s'agit de persuader : c'est les masses électorales. Pour en être écouté, la première condition est de leur parler de ce qui les intéresse. Avec des principes, on peut faire une philosophie politique ; mais je crains, quelque justes que soient les principes, qu'on ne fasse pas une plate-forme électorale.

J'insiste sur ce point; car ce qui m'a mis la plume à la main, c'est l'inquiétude sur l'avenir du parti modéré. Ce parti a une doctrine, mais une doctrine n'est pas une plate-forme. Modérés, tous tant que nous sommes, — et je prends ma part de la faute commune, — nous ne savons pas concentrer nos forces sur un petit nombre de points. Nous indiquons une orientation générale de la politique plutôt que des solutions positives. Nous défendons certaines idées libérales qui nous touchent, mais qui laissent la foule indifférente. Veut-on un exemple? Voici la réforme des lois civiles et criminelles, qui est acceptée en principe par tous les modérés. Il est évident que nos codes ont vieilli, et que plus d'un texte, qui a eu dans le passé sa raison d'être, ne répond plus à notre état social. Si nous nous bornons à dire que certains changements sont nécessaires, notre affirmation n'a qu'une valeur académique; si nous voulons préciser quels sont ces changements, nous ne sommes plus sûrs de nous entendre. Aussi qu'arrive-t-il? C'est que le pays, qui pourrait peut-être se passionner pour une réforme concrète (comme on l'a vu, il y a quelques années, à propos de la question du divorce), reste indifférent quand on proclame l'urgence d'une réforme sans indiquer nettement ce que sera cette réforme. En vain les modérés diront que le moment est venu de reviser l'œuvre législative de la Révolution et du Consulat. C'est là un programme d'études : ce n'est pas un programme d'action.

Supposons qu'une campagne électorale s'ouvre demain. Le parti radical aura son programme. Critiquez-le tant que vous voudrez, repoussez-le, combattez-le ; mais avouez que c'est un programme clair et net. Il tient en trois mots : « Impôt sur le revenu. » Voilà, ne vous y trompez pas, de quoi entraîner une majorité. Pas un électeur, ne sût-il lire ni écrire, qui ne comprenne. A cette formule élémentaire, simpliste, faite pour saisir le suffrage universel, avez-vous une formule à opposer?

Irez-vous établir une discussion théorique? Direz-vous que l'impôt global n'aurait peut-être pas les résultats qu'on attend ; que le cultivateur, le manufacturier seraient sûrement frappés, tandis qu'on verrait émigrer les capitaux mobiliers; qu'avec le système de la déclaration, les plus scrupuleux payeraient pour les autres; qu'enfin, dans un pays de suffrage universel, ce serait un danger pour l'avenir de laisser la majorité maîtresse d'un impôt que la minorité serait seule à payer? Il est à craindre que ceux-là vous écoutent d'une oreille distraite qui, acquittant avec peine aujourd'hui la contribution mobilière et celle des portes et fenêtres, auraient l'espoir d'en être affranchis demain. Tout au moins, ils vous diront que les charges qui pèsent sur le contribuable pourraient être mieux réparties et ils vous demanderont ce que vous proposez au lieu et place de l'impôt sur le revenu. Si vous n'apportez aucun projet, si vous voulez maintenir notre régime fiscal tel qu'il existe, si vous n'opposez pas programme à programme, réforme à réforme, prenez garde que ceci ne ressemble à l'abdication du parti modéré.

On perdrait son temps à critiquer les réformes radicales si l'on ne montrait pas qu'il est d'autres réformes possibles. La critique est impuissante en politique plus que partout, et l'instinct des foules ne les trompe pas quand il les porte vers ceux qui agissent. Le jour où le suffrage universel aurait à choisir entre une politique positive quelque imprudente qu'on la suppose, et une politique négative, quelque sage fût-elle, soyez sûrs qu'il n'hésiterait pas: il irait à la première, parce qu'elle serait l'action. C'est pourquoi beaucoup de bons esprits estiment qu'à l'heure actuelle s'il y a plusieurs manières d'être conservateur, la meilleure est encore de présenter au pays un programme de réformes pratiques. Il ne s'agit pas de couvrir une affiche électorale : quelques idées simples, justes, et c'est assez. Le temps est passé où les discussions de politique pure nous passionnaient et où la chute d'un ministère était un événement. Aujourd'hui, les questions économiques ou les questions sociales — comme vous voudrez — intéressent seules le public : c'est sur ce terrain, et rien que sur ce terrain, que la lutte est possible.

Je connais l'objection : « Vos réformes, dit-on ne satisferont jamais ceux qui rêvent un bouleversement social. Quoi que vous fassiez, il y aura toujours des gens pour penser que vous n'avez point fait assez. Si vous accordez quelque chose vous travaillez sans le vouloir pour vos adve saires ; mais vous ne les désarmez pas, et demain ils demanderont davantage. »

C'est la politique du « tout ou rien ». Elle n'est pas nouvelle. Ainsi raisonnaient ceux qui, à la fin du règne de Louis-Philippe, refusaient « l'adjonction des capacités » ; on sait le résultat : une révolution, et le suffrage universel venu vingt ans trop tôt. Certains conservateurs sont de terribles casse-cou. Singulière politique, en vérité, celle qui, pour empêcher des réformes que nous jugeons dangereuses, nous interdirait de demander les réformes qui nous paraissent légitimes ! N'aurons-nous pas plus d'autorité pour repousser l'impôt global, l'impôt progressif, si nous prenons l'initiative d'une réforme fiscale ? — pour combattre le socialisme d'État, si nous développons les caisses de retraite et si nous encourageons la prévoyance sous toutes ses formes ? — pour résister à l'anarchie, si en décentralisant les services publics, nous restaurons la vie locale, l'administration régionale ? — enfin, pour défendre la liberté, si nous accordons à tous les citoyens le droit de s'associer entre eux, le droit de former ces groupes organisés, ces corps indépendants qui sont ailleurs la plus sûre garantie des institutions libres ?

Répartition plus équitable de l'impôt, caisses de retraite, décentralisation, association : voilà des réformes qu'on peut appeler nécessaires, et qu'il serait facile de traduire en textes de loi. Sans doute, ce serait peu pour contenter ceux qui ne veulent rien moins que supprimer la propriété privée et l'initiative individuelle ; mais ce serait assez pour rallier ceux auxquels je faisais allusion tout à l'heure, ceux qui, sans toucher aux conditions essentielles de l'ordre social, estiment cependant qu'il y a « quelque chose à faire ». Que le parti modéré tout entier affirme la nécessité de certaines réformes nettes, précises, intelligibles à tous : non seulement cette affirmation ne l'affaiblira pas, comme quelques-uns l'en menacent, mais il y trouvera la force et la cohésion qui lui ont manqué jusqu'ici.

III

L'ÉGALITÉ DEVANT L'IMPOT

Quelle est l'attitude des modérés dans la question de l'impôt? Au principe de la progression, qui est celui des radicaux, ils opposent le principe de la proportionnalité. L'impôt progressif, disent-ils, n'a aucune base certaine : la progression d'aujourd'hui peut être raisonnable, mais qui nous garantit que celle de demain ne sera pas excessive? Or, la première condition pour qu'un impôt soit équitable, c'est d'être établi d'après certaines règles fixes. L'égalité devant l'impôt veut que chaque citoyen soit taxé d'après ses ressources réelles. Si nos ressources sont doubles, nous payerons deux fois plus; triples, trois fois plus : voilà qui est net. Mais si l'impôt est progressif, où sera la limite? Vous vous arrêtez aujourd'hui à 5 pour 100 : pourquoi? Et qui nous dit que vos successeurs n'iront pas à 10 pour 100, à 20 pour 100? C'est l'arbitraire, c'est l'inconnu.

Voilà ce que disent les modérés. En tant que critique de l'impôt progressif, l'argumentation me paraît irréfutable. La seule base certaine, en matière d'impôt, c'est la proportionnalité; mais la question est précisément de savoir si, dans notre régime fiscal, cette proportionnalité n'est pas plus apparente que réelle.

Écoutons nos adversaires. « Vous repoussez, disent-ils, l'impôt progressif; mais qu'est-ce donc, la plupart du temps, que les contributions indirectes, sinon un impôt progressif à rebours? Vous ne pouvez nier que les droits d'octroi, les impôts de consommation, quand il s'agit des choses nécessaires à la vie, ne pèsent plus lourdement sur le pauvre que sur le riche. Où donc est la proportionnalité? Où est l'égalité? »

Reconnaissons que nos adversaires sont dans la vérité quand ils soutiennent que certains impôts frappent inégalement les différentes couches de contribuables; reconnaissons qu'ils ont raison de demander des réformes et ne leur laissons pas le monopole de ces réformes. Que proposent-ils? D'établir des catégories de contribuables, et d'affranchir de l'impôt ceux dont le revenu est inférieur à un certain chiffre : en fixant le minimum à 2500 francs, ce serait, dit-on, l'exemption pour sept millions d'électeurs. Que la réforme soit bonne ou mauvaise, juste ou injuste, ce n'est plus ce qui importe : elle est facile à comprendre, propre à frapper l'imagination; voilà ce qu'il faut voir. Ne perdons pas notre temps en vaines disputes. Secouons cette timidité qui trop souvent nous a rendus suspects au suffrage universel; montrons que nous avons, nous aussi, le sentiment du juste; et si nous sommes capables d'être réformateurs, prouvons-le autrement que par des discours.

Quelle est l'idée qui se répand peu à peu autour de nous, pénètre l'atelier, gagne la campagne, grandit de jour en jour, et, aux prochaines élections, fera peut-être pencher la balance? C'est qu'il faut que chacun paye d'après son revenu. Si nous signalons les dangers de la déclaration, de la taxation, de l'inquisition, de l'arbitraire sous toutes ses formes, on nous dira : « Faites autrement! faites mieux! »

Cherchons donc s'il n'est pas un moyen d'imposer le revenu sans nous obliger à une déclaration où les plus honnêtes seraient les dupes, sans faire de nous le jouet des taxateurs municipaux, sans nous forcer à étaler devant une commission ou un tribunal nos comptes, nos livres, notre état de fortune, nos papiers de famille, notre vie tout entière.

Ce moyen existe. Il a été indiqué bien des fois. C'est d'établir l'impôt non d'après le chiffre du revenu, impossible à vérifier dans la plupart des cas, mais d'après quelque signe de la richesse qui soit apparent aux yeux de tous. Il n'en est pas de plus sûr que le loyer. En prenant le chiffre du loyer pour base de l'impôt, on arriverait, non à la vérité mathématique, mais à cette vérité approximative à laquelle on peut seule prétendre en matière d'impôt; les erreurs possibles seraient certainement moins nombreuses et moins graves que celles qui résulteraient de la déclaration des contribuables.

Nous avons en France une taxe dont il serait très facile, en y apportant quelques modifications, de faire un impôt sur le revenu sans déclaration : c'est la contribution mobilière. Il y a deux ans, M. Burdeau avait présenté un projet dans ce sens : il proposait d'établir une « contribution d'habitation », croissante ou décroissante suivant certaines règles. Pour moi, j'ai souvent regretté que le parti modéré n'ait pas repris le projet Burdeau : il serait encore temps, et ainsi on aurait quelque chose de positif à opposer à ses adversaires.

Car — et c'est toujours là qu'il faut revenir — que répondez-vous aux partisans de l'impôt sur le revenu? Critiquer le principe, discuter l'application, rien de mieux la plume à la main; mais il faut autre chose dans une campagne électorale. Votre plate-forme serait toute trouvée si vous pouviez dire : « Nous aussi, nous entendons que chacun paye d'après son revenu, mais nous voulons éviter les fausses déclarations des contribuables; nous voulons éviter surtout les perquisitions et les vexations du fisc. » Alors, vous seriez compris; car le Français en général, et le paysan en particulier, se soucie fort peu que les agents des contributions se mêlent de ses affaires. Dans les campagnes, le souvenir de la taille n'est pas aussi mort qu'on pourrait le croire : plus d'un cultivateur, même parmi ceux qui auraient chance qu'on ne les taxât point, repousserait avec horreur l'idée qu'on va évaluer sa récolte et discuter son revenu.

Avec la contribution d'habitation — c'est-à-dire avec la taxe calculée d'après la valeur locative — plus de difficultés : le système est très simple; il serait facilement compris de tout le monde.

On a calculé souvent le rapport du loyer au revenu : ce rapport varie naturellement d'une grande ville à une commune rurale; pour Paris, on peut admettre qu'il est environ d'un sixième, c'est-à-dire qu'à un loyer de 1 000 francs correspond un revenu de 6 000 francs. Mais ce n'est là qu'une moyenne. La part du loyer dans les dépenses d'une famille diminue au fur et à mesure que le budget augmente : cette part pourra être d'un cinquième, peut-être même d'un quart, dans tel petit ménage où il y a plusieurs enfants; elle ne sera plus que d'un huitième, d'un dixième, dans la bourgeoisie riche ou aisée. Dès lors, si l'on veut que la contribution d'habitation ait vraiment le caractère d'un impôt sur le revenu, il faut trouver un autre signe extérieur de la richesse qui complète et rectifie les indications données par le loyer.

M. Burdeau, dans ce projet auquel je me permets de renvoyer le lecteur, proposait un impôt sur les domestiques, sous forme d'une majoration de la taxe locative. On peut discuter le procédé; on peut se demander si, l'impôt sur les domestiques étant admis, il ne vaudrait pas mieux en faire un impôt de capitation, mais l'idée n'en reste pas moins juste.

Ce n'est pas tout. Avec des ressources égales, deux familles payeront un loyer différent suivant qu'elles auront plus ou moins d'enfants : pour que la contribution d'habitation soit vraiment équitable, il faudra donc la réduire d'un tant pour cent qui variera avec le nombre des enfants.

J'allais donner des chiffres : à quoi bon? Ce n'est pas un chiffre qu'on discute : le vrai débat ne porte pas sur un pour cent de plus ou de moins, mais sur toute une politique financière. Il s'agit de savoir si le revenu sera taxé d'après des signes apparents ou d'après une déclaration plus ou moins arbitrairement contrôlée; il s'agit surtout de savoir si chacun doit contribuer aux charges publiques en raison de ses ressources ou si l'on va créer une nouvelle catégorie de citoyens qui voteraient l'impôt sans le payer.

Nous sommes en face d'une formule précise : « *Impôt sur le revenu*, impôt global, impôt progressif. » En voici une autre, non moins précise : « *Impôt d'habitation*, croissant avec le nombre de domestiques, décroissant avec le nombre d'enfants. » Si l'on regarde aux idées, non aux mots, on a ici un véritable impôt sur le revenu ; puisque en tenant compte, d'une part, du nombre des domestiques, d'autre part, du nombre des enfants, on corrige les chances d'erreur d'une contribution calculée seulement sur le loyer. Dans ce système, chacun doit payer d'après ses ressources réelles. C'est l'égalité devant l'impôt.

Il y aurait d'autres réformes fiscales, comme, par exemple, de réduire les taxes de consommation sur les objets nécessaires à la vie, en attendant qu'on les supprime ; mais à chaque moment suffit sa peine. Aujourd'hui, ce qui est en jeu, c'est l'impôt direct : sera-t-il proportionel ou progressif? sera-t-il payé par tous, ou seulement par quelques-uns? C'est ainsi que la question sera posée devant les électeurs dans deux ans, et peut-être avant deux ans. Si les modérés s'en tiennent à une politique défensive, s'ils se bornent à repousser l'impôt progressif et global, ils persuaderont qui? ceux qui dejà pensent comme eux ; mais on peut craindre que le suffrage universel reste sourd à leur voix. Que si, au contraire, ils proposent quelque chose de positif, s'ils opposent l'impôt d'habitation à l'impôt sur le revenu, s'ils montrent leur ferme volonté de faire payer chacun d'après ses ressources sans déclaration et sans taxation, alors tout change : le parti modéré est un parti d'action, et peut espérer qu'on l'entende.

IV

LA PRÉVOYANCE SOCIALE

Le parti modéré défend la propriété privée et l'initiative individuelle. Sur ces deux points, il ne saurait transiger sous peine de n'être plus lui-même. Il maintient le principe de la liberté comme le grand régulateur du monde économique. Il demande que l'État n'intervienne que dans la mesure où l'intérêt général l'exige; et par intérêt général il faut entendre ici non pas l'intérêt d'une classe, quelle qu'elle soit, non pas même celui de la majorité, mais l'intérêt de la nation tout entière considérée dans son avenir non moins que dans son présent. Voilà des principes communs à tous les modérés; mais ces principes vont-ils nous empêcher d'étudier les réformes sociales qu'on propose, avec le sincère désir de réaliser tout ce qui s'y peut trouver de bon et de vrai? Non sans doute; et il est des cas où nous serons d'autant plus conservateurs, dans le sens élevé où je prends ce mot, que nous serons plus franchement réformateurs.

Je choisis une idée qui me paraît intéressante entre toutes : les caisses de retraite pour la vieillesse. « Chimère! ai-je entendu dire souvent; voulez-vous donc introduire en France le socialisme allemand? » Il ne s'agit pas du socialisme allemand. Ma conviction est qu'on peut faire quelque chose sans rien abandonner des principes libéraux : je demande qu'on me lise jusqu'au bout avant de dire que je me trompe.

Dès qu'on parle de caisses de retraite, les savants nous démontrent par des chiffres que l'État ne saurait assurer une rente à tous les Français sans risquer la faillite. Arithmétique facile! Il est clair que si l'on voulait faire de tout homme âgé de cinquante ans un rentier aux frais de l'État, il n'y aurait pas de budget qui pût tenir : aussi n'est-ce pas là ce qu'on veut. Mais il semble qu'un gouvernement sage, soucieux de l'avenir, devrait encourager la prévoyance et pourrait le faire sans compromettre les finances publiques; il semble que, lorsque l'État subventionne la musique et la danse, on a le droit de lui demander une subvention pour les caisses de retraite.

Je ne fais pas appel au sentiment; j'invoque un fait, et un fait brutal. Il y a, dans notre démocratie française, plusieurs millions d'individus qui vivent du salaire quotidien, sans sécurité dans le présent, sans espérance pour l'avenir : est-ce là un gage de conservation sociale? L'ouvrier, dit-on, peut épargner : sans doute; mais dans quelle mesure? Ne raisonnons pas sur des exceptions; prenons l'ouvrier dans des conditions moyennes, gagnant de 1000 à 1500 francs par an; s'il a femme et enfants, son économie sera peu de chose. Je m'adresse, parmi les personnes qui me font l'honneur de me lire, à quiconque a suivi de près le fonctionnement d'une caisse d'épargne. On a pu voir, comme je l'ai vu moi-même bien des fois, ces livrets où quelques centaines de francs, amassés sou par sou, représentent plusieurs années de privation. Un jour, le titulaire, la tête basse, vient retirer son argent : la maladie ou le chômage l'a frappé; dix ans d'épargne s'évanouissent en quelques semaines, et tout est à recommencer. La vérité est que l'ouvrier, sauf de rares exceptions, peut épargner assez pour se mettre à l'abri d'un accident, mais non assez pour vivre, le jour où l'outil lui tombe des mains. Si, avec du travail, avec de l'ordre, ayant fondé une famille, élevant ses enfants de son mieux, il n'a d'autre perspective que l'hospice, admirons qu'il sache se défendre de la haine et de l'envie; ne soyons pas surpris s'il se désintéresse de la chose publique.

Vous lui donnerez un intérêt en lui facilitant les moyens de s'assurer une pension pour sa vieillesse. Lord Randolph Churchill disait : « Si vous voulez que la démocratie soit conservatrice, donnez-lui quelque chose à conserver. » Ce rare homme d'État parlait le langage de la justice; il parlait aussi le langage de la prudence.

Oui, quelque chose à conserver, quelque chose qui fasse que le pauvre, comme le riche, s'intéresse au maintien de l'ordre social : c'est la seule chance de préserver la démocratie des révolutions et des aventures. Une retraite pour ses vieux jours, c'est assez pour que cet ouvrier, abandonné aujourd'hui à lui-même, sente que nous avons tous dans la société certains intérêts communs.

Ce minimum d'intérêt social, comment le donner, sinon à tous, du moins à ceux-là qui veulent faire un effort personnel?

Tout d'abord, il faudrait s'entendre sur la manière de poser la question. Elle est mal posée, à mon sens, lorsqu'on parle uniquement de retraites ouvrières. Une institution d'ordre public, comme celle dont il s'agit, doit s'ouvrir également aux citoyens de toute condition. L'ouvrier d'aujourd'hui peut être le patron de demain; d'un autre côté, quand on voit les transformations de la richesse mobilière, les crises de plus en plus redoutables de l'industrie, comment affirmer que tel qui est dans l'aisance maintenant n'ira pas frapper un jour à la porte d'une caisse de retraite? Si l'on veut vraiment faire œuvre sociale, il faut organiser les institutions de prévoyance pour tous les citoyens, sans distinguer aucune catégorie ni aucune profession; il le faut d'autant plus que, si l'on admet le principe de la subvention par l'État, tous les contribuables supportant une part des charges, il est juste que tous puissent profiter des avantages.

Il existe déjà une « Caisse nationale des retraites pour la vieillesse ». Rien de plus facile, si on le voulait, que d'adapter cette institution à des besoins nouveaux.

Simplifier les formalités, qui, sans être en elles-mêmes très compliquées, peuvent paraître telles à des gens peu lettrés : c'est une première réforme bien modeste, mais qui suffirait à augmenter sensiblement la clientèle de la Caisse des retraites.

On devrait ramener le maximum de la pension de retraite à 600 francs (en respectant, bien entendu, les droits acquis) : il est naturel, en effet, si l'on demande un sacrifice à l'État, que ce soit pour assurer aux intéressés le nécessaire, et rien de plus.

Il conviendrait encore de donner à cette institution, utile entre toutes, la personnalité civile, pour qu'elle pût recevoir des dons et des legs.

Je n'insiste pas sur les réformes de détail. Supposons la Caisse des retraites transformée, mieux connue du grand public, faisant appel à l'épargne de toutes les classes sociales, enrichie par des bienfaiteurs généreux; nous voici devant ce problème : un pauvre diable, après vingt ou trente ans de travail, d'épargne, a effectué des versements insuffisants pour lui assurer le morceau de pain dont il a besoin. Qu'allons-nous faire? Lui dirons-nous : nous ne pouvons rien pour toi?

C'est ici que l'État peut intervenir par une subvention. Vous admettez que l'État protège tout ce qui a un caractère d'utilité générale, écoles, bibliothèques, musées, théâtres. Nous trouvons le caractère d'utilité générale dans la Caisse des retraites pour la vieillesse, et nous l'y trouvons deux fois : d'une part, il s'agit d'encourager la prévoyance, c'est-à-dire une des plus essentielles parmi les vertus sociales; d'autre part, augmenter le budget de la Caisse des retraites, c'est diminuer le budget de l'assistance privée ou publique.

La subvention sera plus ou moins élevée suivant les ressources budgétaires : ce qui importe, c'est de reconnaître hautement qu'il y a là une question d'intérêt général dont la République n'a plus le droit de se désintéresser.

Rappelez-vous la discussion qui a eu lieu il y a quelques mois quand les Chambres ont voté deux millions pour les institutions de prévoyance : il semblait à quelques-uns que le spectre du socialisme d'État se dressait devant eux. Si c'est du socialisme qu'une subvention à la Caisse des retraites ou aux sociétés de secours mutuels, je serais curieux de savoir de quel nom on appellera une subvention à la Comédie ou à l'Opéra. Tout récemment on votait dix fois plus pour l'Exposition de 1900; ce qui est encore, n'en déplaise à la majorité du parlement, une forme de socialisme, puisqu'il s'agit de faire payer par les contribuables de la France entière l'intérêt ou le plaisir de quelques-uns. Et, en vérité, — puisqu'on risque maintenant d'être traité de socialiste dès qu'on propose la moindre réforme, — quel est, je le demande, le pire socialisme, de celui qui, en bouleversant Paris sous prétexte d'exposition, va y attirer des ouvriers de tous les départements qui augmenteront ensuite le nombre des sans-travail, ou de celui qui, en accordant une subvention à la Caisse des retraites, en ajoutant quelque chose aux versements des petits et des humbles, encourage l'épargne et la prévoyance?

Souhaitons que le parti modéré ne s'effraye pas d'un mot; souhaitons que, sans imposer d'obligation à personne, ne faisant appel qu'à l'initiative individuelle, laissant chacun libre de faire ou ne pas faire acte de prévoyance, il accepte le principe d'une subvention par l'État. Ainsi, la Caisse des retraites pour la vieillesse, qui n'a jusqu'ici compté qu'un nombre trop restreint d'adhérents, pourrait se développer et améliorer d'une manière efficace le sort du plus grand nombre.

Si le parti modéré inscrivait à son programme

la question des retraites pour la vieillesse, il ferait œuvre démocratique; il ferait aussi œuvre conservatrice. Ce n'est point par hasard que ces deux termes de conservation et de démocratie reviennent sous ma plume : c'est parce que je suis convaincu que, loin de se contredire, ils se fortifient l'un l'autre.

V

LA DÉCENTRALISATION RÉGIONALE

Les modérés ont réclamé souvent la simplification et la décentralisation des services publics; ils ont proposé qu'on fît un centre administratif du canton, qui n'a eu jusqu'ici aucune existence réelle; ils ont demandé que, tout en maintenant le contrôle de l'État là où il a sa raison d'être, on étendît les attributions des assemblées communales et départementales; ils ont insisté sur la nécessité de ranimer en France la vie locale.

A Paris, dans le monde politique et ailleurs, on ne se passionne guère sur la question de la décentralisation. Il faut aller en province, il faut causer avec ceux qui supportent les conséquences des services centralisés à outrance, avec ceux qui attendent pendant des semaines qu'un dossier envoyé de la préfecture au ministère revienne du ministère à la préfecture, avec ceux, en un mot, qui souffrent de se sentir en tutelle dans les moindres actes de la vie administrative, pour comprendre à quel point il serait urgent de faire quelque chose. Aucun doute, si le parti modéré parle de décentralisation, qu'il ne soit entendu de la majorité du pays.

Il sera d'autant mieux entendu qu'il tiendra un langage plus hardi.

Une organisation nouvelle du canton ou quelques pouvoirs nouveaux donnés aux assemblées locales, voilà sans doute d'excellentes réformes, mais insuffisantes. On veut cela, et on veut autre chose. Il y a, depuis quelques années, un réveil de l'esprit régional qui a toujours été et qui sera toujours un esprit de liberté. On trouve dans tous les partis des hommes éclairés, indépendants, patriotes, plus attachés peut-être que jamais à l'unité nationale, qui sont inquiets et mécontents que Paris absorbe de plus en plus toutes les énergies du pays. Que rêvent-ils donc? Quelques grands centres de vie publique, pouvant, à un moment donné, faire contrepoids à Paris; quelques grands centres d'action universitaire, judiciaire, militaire, économique, où convergeraient toutes les forces vives d'une région.

Voilà la vraie décentralisation; voilà, si je ne me trompe, la décentralisation que le parti modéré pourrait demander au nom des intérêts les plus urgents de la démocratie.

Si, en effet, on veut faire une réforme pratique, il faut avant tout savoir où l'on cherchera un point de départ.

Sera-ce dans la commune? Mais la commune n'est qu'une unité de convention; le mot s'applique à des agglomérations humaines qui n'ont entre elles aucun rapport; et, quelque amoureux qu'on soit d'uniformité, on ne saurait vouloir la même autonomie pour une grande ville comme Paris ou Lyon et pour un village qui ne compte pas cinquante habitants.

Sera-ce dans le département? Mais le département n'existe que sur le papier; c'est une pure figure géométrique, qui ne répond à aucune réalité; on chercherait vainement, entre les habitants d'un même département, la communauté d'idées et d'habitudes qui existait jadis entre les habitants d'une même province.

Département ou commune, arrondissement ou

canton, autant de divisions fictives qu'il faudra bien remanier un jour ou l'autre.

En attendant, que faire? Observer le réveil de l'esprit régional, auquel on faisait allusion tout à l'heure, et le favoriser. Quelques-uns diront : voulez-vous nous ramener en arrière et ressusciter les anciennes provinces? — Sans vouloir rien ressusciter, on peut se réjouir du mouvement qui se produit sous nos yeux et qui fait que certaines grandes villes deviennent comme une seconde capitale pour toute une région. Voyez Lyon, Marseille, Bordeaux, Lille, d'autres encore : de chacune de ces villes la vie rayonne en quelque sorte, d'abord par l'enseignement public à tous ses degrés; ensuite, par les journaux qui sont lus non seulement dans le département, mais dans toute la région; enfin, par les concours agricoles, les expositions industrielles, que sais-je! La décentralisation régionale se fait d'elle-même : pour cette fois, les mœurs ont devancé les lois.

Et maintenant, si l'on est convaincu que la décentralisation régionale est un fait heureux, comment l'encourager?

Tout d'abord, par les universités. La loi récemment votée à ce sujet prête à la critique : elle a transformé tous les corps de facultés en universités, alors qu'il semblait que ce titre et les avantages qui y sont attachés eussent dû être réservés aux principaux centres d'études. La réforme n'est pas dans un changement d'étiquette, et ce n'est point parce qu'on aura appelé université tel corps de facultés où il n'y a qu'un nombre dérisoire d'étudiants, qu'on aura créé une université dans le vrai sens du mot. Il y a place en France tout au plus pour huit ou dix universités, avec leur budget propre, leurs professeurs avançant sur place, leur personnel d'étudiants recruté dans les départements voisins, leurs programmes réalisant l'unité dans la variété. Ainsi comprises, les universités pourraient être un admirable instrument de décentralisation régionale.

Dans le même ordre d'idées, pourquoi le parti modéré ne reprendrait-il pas un projet cher à Prevost-Paradol et ne demanderait-il pas que les conseils généraux de plusieurs départements fussent convoqués en assemblées plénières, à certaines époques de l'année, pour discuter les intérêts économiques et moraux de toute une région? On aurait ainsi quelques grandes assemblées, en majorité composées d'hommes compétents, traitant des questions d'utilité générale sans passion politique. Et pourquoi ne pas dire toute ma pensée? Si jamais le parlement qui siège à Paris devait être victime d'un coup de force, ces parlements nouveaux, ces assemblées régionales, dont chacune représenterait plusieurs départements, pourraient être la suprême ressource de la loi et de la liberté.

Ceci mérite l'attention du parti modéré : la décentralisation n'est pas seulement un moyen de simplifier les rouages administratifs, de réaliser des économies de temps et d'argent pour les contribuables, d'habituer le pays à faire de plus en plus ses affaires lui-même ; elle est cela, et elle est aussi une garantie pour la liberté. Tocqueville, qui me paraît aujourd'hui un peu oublié, a dit quelque part : « Je crois les institutions provinciales (ou institutions régionales, c'est tout un) utiles à tous les peuples; mais aucun ne me semble avoir un besoin plus réel de ces institutions que celui dont l'état social est démocratique. Comment faire supporter la liberté dans les grandes choses à une multitude qui n'a pas appris à s'en servir dans les petites? Comment résister à la tyrannie dans un pays où chaque individu est faible, et où les individus ne sont unis par aucun intérêt commun ? Ceux qui craignent la licence et ceux qui redoutent le pouvoir absolu doivent donc également désirer le développement graduel des libertés provinciales. »

Ces paroles ne vous semblent-elles pas singulièrement actuelles dans la crise où nous sommes? N'est-ce pas l'instant d'apprendre au pays à se servir de la liberté, quand les uns prêchent le progrès par la révolution et que les autres conseillent le repos dans la dictature? N'est-il pas temps enfin, après avoir appris à l'enfant à lire, à écrire, à compter, de s'occuper un peu de l'éducation du citoyen? Et quelle meilleure école que la décentralisation?

Mais il ne faut pas que la décentralisation soit dans l'avenir, comme elle l'a été trop souvent dans le passé, un simple motif à développements oratoires. Il ne suffit pas de dire : nous voulons décentraliser. Il s'agit de traduire la pensée en actes, il s'agit de réaliser la décentralisation administrative en revisant dans un sens libéral la loi sur les Conseils municipaux et la loi sur les Conseils généraux; — la décentralisation universitaire, en créant un petit nombre de vraies universités; — la décentralisation financière, en transportant une partie du budget de l'État dans le budget des départements et des communes; — en un mot, la décentralisation régionale, non par une brusque rupture avec la tradition de tout un siècle, mais par une série de réformes sérieusement étudiées.

Chez beaucoup de Parisiens, la « décentralisation régionale » peut n'éveiller qu'une idée un peu confuse; mais, en province, ce mot sur un programme électoral serait compris de tout le monde.

VI

LA LIBERTÉ D'ASSOCIATION

Encore une réforme, et celle-ci est peut-être la plus urgente.

Les modérés, de tout temps, ont demandé certaines libertés, comme la liberté de penser, la liberté d'écrire, la liberté du travail, la liberté de réunion. Aujourd'hui, nous avons toutes ces libertés, et nous n'en faisons pas toujours le meilleur usage. On nous dit : que voulez-vous de plus ? — Nous voulons la liberté simplement, la liberté sans épithète.

Je suis libre de penser, libre d'agir; mais je veux associer ma pensée, mon action, à la pensée et à l'action d'autrui. — Pour quel objet? demandez-vous. — Cela ne vous regarde pas : si cet objet est contraire aux lois ou aux bonnes mœurs, c'est l'affaire du juge; ce n'est pas la vôtre.

Le dialogue continue, et que de fois je l'ai entendu! L'un redoute les corporations, l'autre la mainmorte; celui-là craint les francs-maçons, celui-ci les jésuites. Avant de donner la liberté, chacun voudrait savoir à qui elle profitera. — Qu'elle me profite ou qu'elle profite à mon voisin, qu'importe? Ayons le courage de la franchise; reconnaissons que si nous ne voulons pas la liberté pour la liberté, si nous recherchons le parti qu'on en pourra tirer dans tel ou tel camp, si nous renonçons à l'usage par peur de l'abus, nous ne méritons pas ce beau nom de libéraux.

Si la liberté d'association profitera à Pierre ou à Paul, je ne sais; mais ce que j'affirme, c'est qu'elle profitera aux plus capables, aux plus dignes : si je ne suis pas de ceux-là, tant pis pour moi!

Modérés, demandez hardiment la liberté d'association : vous verrez venir à vous, de droite, de gauche, tous ceux qui s'inquiètent de l'émiettement social, tous ceux qui pensent qu'après avoir détruit il serait temps de reconstruire.

Voici un siècle que la liberté d'association est

effacée de nos lois. Quel a été le résultat? Les traditions professionnelles perdues, l'apprentissage tombé en désuétude, les liens corporatifs relâchés, l'esprit d'entreprise appauvri, l'initiative individuelle énervée; car cette initiative individuelle qu'on invoque souvent contre l'association, ce n'est que par l'association qu'elle se développe et donne tout ce qui est en elle. La loi du 17 juin 1791, qui a porté le dernier coup à l'association, était une loi de circonstance, une loi de combat : il s'agissait d'empêcher la restauration, sous une forme détournée, des jurandes et maîtrises; une mesure absolue était nécessaire. Le mal est que cette mesure, légitime à un moment donné, ait été si longtemps le droit commun de la France; si bien que les citoyens sont devenus des étrangers les uns pour les autres, que les organismes sociaux se sont peu à peu dissous et qu'un jour l'individu s'est trouvé seul en face de l'État tout-puissant. Le législateur de 1791 a affaibli le producteur en le livrant à lui-même, en brisant les anciens cadres où s'exerçait son industrie et en lui interdisant d'en former de nouveaux; affaibli le citoyen, en lui enseignant que l'individualisme et la liberté sont une seule et même chose, tandis que nous ne sommes vraiment libres qu'en nous associant avec ceux qui ont mêmes idées que nous, mêmes sentiments, mêmes intérêts.

Si maintenant on ne réagit pas, si, par la décentralisation et l'association, on ne reconstitue pas entre l'individu et l'État ces groupes intermédiaires, ces institutions locales, ces forces organisées qui existent dans d'autres pays, tout le monde voit où nous allons : la démocratie française ne sera bientôt qu'une poussière d'individus, balayée au premier souffle de dictature ou d'émeute.

Tout en repoussant en principe le droit d'association, on a fait quelques essais de liberté partielle. La loi de 1867 a reconnu aux capitaux le droit de s'associer; la loi de 1884 l'a reconnu aux personnes exerçant une même profession. Ces deux lois répondaient à un besoin réel. Après 1867, les sociétés anonymes se sont rapidement développées; après 1884, des syndicats se sont formés, se recrutant d'abord avec peine, puis enrégimentant les masses ouvrières. Le résultat n'a pas toujours été, ici et là, celui qu'on attendait. On a vu des sociétés anonymes aboutissant à des catastrophes où l'épargne était engloutie; on a vu des syndicats ouvriers attenter à la liberté du travail. Faut-il s'en étonner? C'eût été merveille, avouons-le, qu'un peuple sevré pendant quatre-vingts ans de toute liberté d'association eût appris du jour au lendemain à se servir des bribes de liberté qu'on lui octroyait. Notre éducation libérale est encore à faire. Les abus de la loi de 1867 et de la loi de 1884 ne prouvent qu'une chose : c'est que les demi-libertés sont souvent plus dangereuses que la liberté entière

En matière d'association, l'entière liberté est possible à deux conditions : d'une part, publicité complète quant à la liste des sociétaires, à l'objet et aux statuts de la société; d'autre part, réglementation du droit de posséder, en ce qui touche les immeubles. Sous cette double réserve, la liberté d'association serait un stimulant énergique de l'initiative privée; elle permettrait d'utiliser des forces qui, étant dispersées, sont maintenant perdues; elle apporterait à l'individu, dans tous les partis, dans toutes les conditions, un élément sans prix non seulement de vie économique, mais de vie intellectuelle et morale.

Il semble à quelques-uns qu'en demandant la liberté d'association on s'attaque à l'œuvre de la Révolution et qu'on veuille remonter le cours de l'histoire.

C'est là un malentendu qu'il faudrait une bonne fois éclaircir.

Dans l'œuvre de la Révolution il y a deux parts bien distinctes : les idées positives et les idées négatives. Payement de l'impôt par tous, admissibilité aux fonctions publiques, liberté du travail, liberté des cultes, et, par-dessus tout, égalité devant la loi : telles sont à peu près les idées positives, dans ce qu'elles ont d'essentiel et de définitif. Voilà ces « principes de 1789 » dont quelques beaux-esprits affectent de plaisanter, mais qui sont, malgré tout, et qui resteront les bases de notre droit moderne. Que si nous attaquons un de ces principes, un seul, vous pouvez nous accuser de vouloir restaurer le passé; car les idées positives de la Révolution ont été depuis un siècle la charte du parti libéral. Mais en est-il de même des idées négatives? Eh quoi! parce que nos pères, dans l'ardeur de la lutte, ont dit: « Plus d'associations! plus d'universités! plus de provinces! plus de corps constitués! » renoncerons-nous à rien reconstruire et assisterons-nous impassibles à l'œuvre d'émiettement qui s'achève? Parce que la Révolution a détruit une organisation fondée sur le privilège, nous sera-t-il interdit de rêver une organisation fondée sur la liberté et sur l'égalité, c'est-à-dire sur les principes mêmes au nom desquels la Révolution a été faite? Je m'imagine que si les hommes d'il y a cent ans revenaient parmi nous, s'ils voyaient où nous mène l'excès de la doctrine individualiste, ils seraient les premiers à proclamer la nécessité d'organiser la démocratie; mais comment? Parmi les solutions possibles, il n'en est pas de plus conforme aux traditions du parti modéré, de plus simple, de plus juste, que l'association libre : c'est la seule réponse à faire au socialisme d'État et au socialisme révolutionnaire.

VII

DEUX PROGRAMMES

J'ai essayé de tracer un programme d'action, un programme de réformes. Faut-il répéter ce que je disais en commençant? Je n'ai d'autre prétention que d'être un porte-parole ; je mets sur ce papier des idées qui sont à l'heure actuelle celles de beaucoup de gens, point hommes de parti, ni passionnés de politique; mais qui observent, qui jugent, et qui sont convaincus qu'il y a « quelque chose à faire ». Et c'est parce que ces idées ne sont pas seulement miennes, c'est parce que je les sais partagées par plus d'un esprit raisonnable, que je les expose avec confiance.

Le parti modéré, si par ce mot on entend tous ceux qui ne veulent ni révolution, ni réaction, semble en majorité dans le pays. On disait, il y a soixante ans : « La France est centre gauche ; » je ne suis pas sûr qu'elle soit encore centre-gauche, au sens de Royer-Collard, mais je constate qu'il existe un état d'esprit modéré qui se retrouve partout, dans les professions libérales, dans l'industrie, dans le commerce, et même chez beaucoup d'ouvriers. Cependant, ces mêmes modérés, si nombreux dans la vie privée, on dirait qu'ils s'évanouissent dans la vie publique; et alors même qu'ils ont la majorité dans les assemblées, il arrive parfois qu'ils sont impuissants à constituer un gouvernement.

L'esprit de modération, par lui-même, n'est pas un esprit de lutte; et voilà peut-être une première raison pourquoi les modérés n'ont pas dans la politique la place qu'ils ont dans le pays. Raison insuffisante pourtant ; car, à ne considérer que les personnes, il y a autant d'hommes d'action chez les modérés qu'ailleurs, et ce ne sont pas non plus les manœuvriers habiles qui font défaut, ni les spécialistes, ni les orateurs. Ce qui manque au parti modéré, c'est de concentrer ses forces sur un petit nombre de questions positives au lieu de les épuiser à combattre le radicalisme et le collectivisme.

En s'attaquant sans cesse aux idées qui lui semblent dangereuses, il se donne les apparences d'un parti de critique.

En se maintenant sur le terrain de la défense sociale, il s'expose à ce qu'on le juge ennemi des réformes.

Comme moi, vous avez entendu ce mot : « Les modérés ne font rien; ils ne veulent rien faire. » Mot injuste, je le veux; mais qui se retient, se répète, fait son chemin dans le monde, et auquel il est temps de répondre par des actes.

Vous avez devant vous une politique qui se résume en quelques idées simples, en quelques formules frappantes : n'y a-t-il pas mieux à faire que de critiquer et de discuter? Opposez à la politique de vos adversaires une autre politique non moins claire, non moins précise. Mettez le pays en demeure de choisir entre deux programmes. Ne dites pas seulement : « Nous sommes modérés »; car ce serait parler dans le désert. Dites : « nous sommes modérés, et nous sommes réformateurs; » alors ceux-là vous écouteront, qui veulent l'ordre et qui veulent aussi certaines réformes. Soyez de votre temps; montrez que pour vous la liberté est non plus le luxe de quelques-uns, mais l'instrument des réformes nécessaires.

Il y a, chez vos adversaires, quelques idées que tous acceptent, que tous défendent. Impôt global et progressif, cette formule est à elle seule tout un programme. Elle ralliera, dans les prochaines luttes, radicaux et collectivistes. Est-il donc impossible, du côté des modérés, d'avoir un programme commun? Ne peut-on faire l'accord sur quelques idées pratiques, comme celles que j'indique ici : réforme de l'impôt, par le remaniement de la contribution mobilière et par la réduction des taxes de consommation; — organisation de la prévoyance sociale, par le développement et la subvention des caisses de retraite; — décentralisation régionale; — liberté d'association? — Y a-t-il une seule de ces idées qu'un modéré, un libéral, ne puisse accepter? Et si vous en prenez hardiment l'initiative, avec le ferme propos de les réaliser, n'est-ce pas une plate-forme électorale, non seulement pour quelques candidats isolés, mais pour un parti tout entier?

Il apparaît à tous les yeux que le pays se lasse de plus en plus du régime parlementaire, que les crises ministérielles le laissent froid et que la politique de parti ne répond plus pour lui à aucune réalité. Il y a là un avertissement. Radical, modéré, opportuniste, progressiste, socialiste, ces mots n'ont guère de sens à vingt lieues de Paris. Aujourd'hui, la vie politique est à la surface, dans les réunions, dans la presse ; ce qu'il y a derrière, c'est une indifférence croissante. La question de l'impôt a secoué un instant cette indifférence, parce que l'impôt touche tout le monde, aussi bien celui qui est menacé de payer plus que celui qui espère payer moins. La question des caisses de retraite toucherait, croyez-le, ceux qui travaillent et épargnent; la décentralisation régionale, ceux qui sont vexés chaque jour par l'abus des formalités et de la paperasserie ; la liberté d'association, ceux qui ont des projets, des rêves, qu'ils ne peuvent réaliser. Réformes justes, réformes pratiques : en laisserez-vous à d'autres le profit et l'honneur?

On pourrait reprendre aujourd'hui le mot de M. Thiers, et le compléter. « La République, disait-il, sera conservatrice ou ne sera pas. » Oui, conservatrice, comme tout gouvernement digne de ce nom ; mais aussi progressiste, car elle ne saurait durer que si elle répond, dans la mesure du possible, à cette idée de progrès et de justice qui est au fond de la démocratie. En maintenant l'ordre, la République a fait la première moitié de sa tâche, celle qui lui est commune avec toute espèce de gouvernement. La seconde partie est plus délicate; car il s'agit de distinguer, dans ce qu'on lui demande, ce qui est juste et ce qui ne l'est pas, ce qui est possible et ce qui est chimérique. Il est des réformes d'accord avec nos idées et avec nos mœurs. La question, pour le parti modéré, est de savoir si ces réformes seront faites par lui ou contre lui.

VIII

CONCLUSION

A cette heure où beaucoup de bons citoyens, dans tous les partis, s'inquiètent d'un lendemain douteux; à cette heure où peut-être quelques césariens, suivant dans l'ombre les fautes de la République, calculant les chances, guettant l'occasion, rêvent je ne sais quelle parodie du Dix-huit Brumaire, c'est à vous conservateurs que je m'adresse, à vous plus qu'à personne.

J'aurais pu invoquer l'intérêt bien entendu, j'aurais pu montrer que vous avez tout à gagner si vous réglez le mouvement qui nous emporte et tout à perdre si vous essayez de l'entraver; mais ce sont là des arguments indignes de vous et de moi, et c'est un autre langage qui convient ici. Je vous le dis dans la sincérité de mon âme, sans m'inquiéter si mes paroles choqueront quelques-uns de ceux que j'estime et j'aime : vous avez la culture de l'esprit, vous avez les loisirs que donnent la fortune ou le bien-être; plus vous êtes éclairés, indépendants, et plus la responsabilité qui pèse sur vous est lourde. Vous avez le droit et le devoir de repousser les projets chimériques, les nouveautés dangereuses; mais c'est à condition que vous preniez l'initiative de toutes les réformes pratiques, justes, utiles, nécessaires. Si demain le suffrage universel, fatigué de l'impuissance parlementaire et des discussions stériles, acclamait les hommes qui conseillent la révolution et la violence, vous seriez sans doute les premières victimes : êtes-vous bien sûrs que vous ne seriez pas les premiers coupables? Que répondriez-vous alors à ceux qui vous diraient : Ce que nous faisons n'est peut-être pas le meilleur, mais nous faisons quelque chose; vous qui nous critiquez, vous qui nous condamnez, qu'avez-vous fait? Conservateurs, qu'avez-vous conservé?

Je termine par une question que, bien souvent, songeant aux destinées de ce pays, je me suis posée à moi-même : quel est l'avenir des idées libérales? que sera, dans un an, dans dix ans, le parti modéré? — Rien, s'il ne se discipline, s'il ne concentre ses forces; rien surtout s'il se méfie de la démocratie et s'il est un parti de résistance. — Tout peut-être, s'il sait utiliser les énergies qui sont en lui, réveiller les indifférents, grouper tous ceux qui voudraient remplacer la politique des personnes par la politique des faits; s'il sait s'accommoder aux idées modernes, aux besoins nouveaux; s'il accepte sans arrière-pensée les changements inévitables; si, enfin, en restant un parti d'ordre, il devient un parti de réformes.

TABLE DES MATIÈRES

32 961. — IMPRIMERIE GÉNÉRALE LAHURE

9, RUE DE FLEURUS, 9.

www.ingramcontent.com/pod-product-compliance
Ingram Content Group UK Ltd.
Pitfield, Milton Keynes, MK11 3LW, UK
UKHW021146220726
13924UKWH00003B/1044